CARRERA DE BARRIL

RODEO

Tex McLeese
Versión en español de Argentina Palacios

Rourke Publishing LLC
Vero Beach, Florida 32964

FOTOS:
© Dennis K. Clark: páginas 4, 7, 8, 10, 12, 13, 15, 17, 18; © Texas Department of Tourism: carátula, portada; © Pro Rodeo Cowboy Association: página 21

SERVICIOS EDITORIALES:
Pamela Schroeder

Library of Congress Cataloging-in-Publication Data

McLeese, Tex, 1950-
   [Rodeo barrel racing. Spanish]
   Carrera de barril / Tex McLeese. traducido por Argentina Palacios.
      p. cm—(Rodeo)
   Includes index
   ISBN 1-57103-387-4
   1. Barrel racing—Juvenile literature. 2. Spanish language materials. [Barrel racing 2. Rodeos I. Title.

GV1834. 45.B35 M34 2000
791.8'4—dc21

pbk 1-58952-253-2

Impreso en los Estados Unidos

ÍNDICE

UN EVENTO PARA MUJERES

La **carrera de barril** es un evento del rodeo exclusivamente para mujeres. Las jóvenes que quieren hacerse parte del rodeo pueden competir también en otros eventos, pero no muchas lo hacen. Por lo menos, no compiten en los mismos eventos del rodeo en que compiten varones. Algunas que quieren ser enlazadoras de terneros o jinetes de broncos tal vez monten en un rodeo exclusivamente para mujeres. Sin embargo, esos rodeos empezaron a desaparecer con la aparición de la carrera de barril. Hoy en día, casi todas las mujeres que compiten en rodeos se hacen jinetes de barril.

Una imponente entrada para las mujeres jinetes.

LAS MUJERES EN EL INDOMITABLE OESTE

En los primeros tiempos de la historia del rodeo, era común que las vaqueras compitieran con los vaqueros. A partir de los últimos años del 1800 hasta principios del 1900, por lo general los rodeos eran eventos locales. Los que trabajaban en los ranchos querían demostrar quiénes eran los mejores enlazadores y jinetes. En los espectáculos del Indomitable Oeste que también eran populares por la misma época, **Annie Oakley** fue tan famosa como cualquier vaquero porque era una tiradora excepcional.

Al principio, vaqueras y vaqueros montaban en los mismos rodeos.

¿DEMASIADO PELIGROSO?

Para la década de 1930, sin embargo, muchos consideraban que el rodeo era algo muy brusco y peligroso para las mujeres. Después de la muerte de un par de mujeres jinetes de rodeo en accidentes con caballos, sólo los hombres podían competir. Los protestadores sostenían que el rodeo podía ser igual de peligroso para los hombres que para las mujeres. Sin embargo, para la década de 1940, los únicos rodeos donde podía haber competencia femenina eran los rodeos exclusivos para mujeres.

Los rodeos siguen siendo peligrosos para las mujeres.

NACE LA CARRERA DE BARRIL

En la década de 1950, la carrera de barril se hizo un evento muy popular para mujeres. Había que tener una destreza enorme para montar un caballo alrededor de los **barriles**. Sin embargo, enlazar un novillo o montar un toro que corcovea era más peligroso. Las carreras de barril fueron organizadas por la Girls Rodeo Association durante la década de 1950. Para fines de la de 1960, muchos rodeos profesionales incluian carrera de barril como único evento para mujeres.

Un barril se coloca en su sitio.

El arte de la carrera de barril.

El caballo se ladea hacia el barril.

REGLAS DE LA CARRERA DE BARRIL

Éste es un evento de gran velocidad. El caballo corre a la **arena** a todo **galope.** El caballo y la jinete tienen que correr entre tres barriles en una formación de **cruce de trébol.** La jinete voltea hacia la izquierda a un lado de un barril y luego a la derecha al otro lado de otro. Después, el caballo da la vuelta alrededor del barril que está al final de la arena y se precipita hacia el punto de partida.

El caballo y la jinete forman un equipo en la carrera de barril.

GOLPEAR LOS BARRILES

Para una carrera a prisa, las jinetes se acercan a los barriles lo más posible. El caballo puede tocar o hasta mover el barril. Pero si voltea uno, se le añaden cinco segundos al tiempo. El tiempo ganador es, por lo general, menos de 18 segundos. A menudo, la diferencia entre el primer lugar y el segundo es de menos de una décima parte de segundo.

El caballo puede tocar o mover un barril.

CÓMO HACERSE CORREDORA DE BARRIL

Lo más importante para la carrera de barril es ser buena jinete y tener buen caballo. La jinete y el caballo tienen que acoplarse muy bien. Las corredoras de barril son propietarias de su caballo, lo cual puede ser muy caro. Un caballo y su remolque fácilmente cuestan más de $20,000. A un jinete de toro o de bronco le resulta mucho más barato competir porque el rodeo le proporciona el animal corcoveador.

Un remolque para caballos puede costar miles de dólares.

CABALLO EN EL SALÓN DE LA FAMA

Ciertos caballos se hacen tan famosos como sus jinetes. "Scamper", un **"quarter horse"** americano de color bayo, ganó nueve campeonatos mundiales seguidos para su jinete, Charmayne James. Scamper quedó inmortalizado en el Pro Rodeo Hall of Fame (Salón de la Fama) en 1995. Charmayne James Rodman (quien se casó con el enlazador de rodeo Walt Rodman), ha sido la más grande superestrella femenina del rodeo. Fue ella la primera mujer en ganar más de un millón de dólares en tal deporte.

Scamper ganó 9 campeonatos mundiales seguidos con Charmayne Rodman.

LA WOMEN'S PROFESSIONAL RODEO ASSOCIATION

Una vez que la carrera de barril se convirtió en un evento donde las mujeres pueden ganar premios monetarios en los mayores y más populares rodeos, la Girls Rodeo Association se convirtió en la Women's Professional Rodeo Association. La WPA tenía 3,000 miembros en 1975. Sin embargo, 20 años más tarde sólo tenía 1,500. Aún así, el rodeo es uno de los pocos deportes en que una campeona, siendo mujer, puede ganar tanto como un hombre. La carrera de barril es uno de los eventos más populares del rodeo.

GLOSARIO

Annie Oakley — la vaquera más famosa del Indomitable Oeste

arena — área donde tiene lugar el rodeo, ya sea bajo techo o al aire libre

barril — recipiente grande, generalmente de metal, con lados curvos y parte superior e inferior planas que se emplea en rodeos

carrera de barril — evento cronometrado del rodeo en el que participan mujeres a caballo

cruce de trébol — formación compuesta por tres barriles que hace que la jinete voltee primero para un lado, luego para otro

galope — marcha veloz de un caballo

quarter horse — raza de caballo de silla originaria de Estados Unidos

rodeo — un deporte de eventos de enlazar y montar, las mismas habilidades que tenían que tener los vaqueros en el Viejo Oeste

ÍNDICE ALFABÉTICO